3 fev. 1874

CATALOGUE
DE LIVRES
ANCIENS ET MODERNES
OUVRAGES A FIGURES, PORTRAITS, MANUSCRITS

COMPOSANT LA BIBLIOTHÈQUE

De Feu M. le Marquis de **SAINT-CLOU**

Ancien Officier de la Garde royale

DONT LA VENTE AURA LIEU

RUE DES BONS-ENFANTS, 28

SALLE N° 2, AU 1er ÉTAGE

Les Mardi 3, Mercredi 4 et Jeudi 5 Février à 7 h. soir

Par le ministère de **Me BAUBIGNY**, Commissaire-Priseur, rue de Grammont, 20,
Assisté de **M. Aug. AUBRY**, Expert.

Mémoires relatifs à l'histoire de France. — Collection des classiques latins de Panckouke. — Nombreux ouvrages sur l'équitation, l'hippiatrique, les armes et la guerre. — Blason. — Ouvrages à figures. — **Portraits anciens.** — Littérature. — Histoire. — Voyages, etc. — **Manuscrits.**

PARIS
AUGUSTE AUBRY
LIBRAIRE DE LA SOCIÉTÉ DES BIBLIOPHILES FRANÇOIS
rue Séguier-Saint-André-des-Arts, 18

1874

39726 Vve Renou, Maulde & Cook, R. Rivoli, 144, à Paris.

LA VENTE

DES

TABLEAUX

De M. le Marquis de SAINT-CLOU

AURA LIEU

HOTEL DES VENTES, RUE DROUOT

SALLE N° 8

Les Jeudi 12 et Vendredi 13 février 1874

A DEUX HEURES

EXPOSITIONS

PARTICULIÈRE, le Mardi 10 et PUBLIQUE, le mercredi 11.

Me BAUBIGNY, Commissaire-Priseur, rue de Grammont, 20
M. FÉRAL, Expert, rue de Buffault, 23,
CHEZ LESQUELS SE DISTRIBUE LE CATALOGUE.

CATALOGUE
DE LIVRES
ANCIENS ET MODERNES
OUVRAGES A FIGURES, PORTRAITS, MANUSCRITS

COMPOSANT LA BIBLIOTHÈQUE

De Feu M. le Marquis de **SAINT-CLOU**

Ancien Officier de la Garde royale

DONT LA VENTE AURA LIEU

RUE DES BONS-ENFANTS, 28

SALLE N° 2, AU 1er ÉTAGE

Les Mardi 3, Mercredi 4 et Jeudi 5 Février

Par le ministère de **Me BAUBIGNY**, Commissaire-Priseur,
rue de Grammont, 20,
Assisté de **M. AUG. AUBRY**, Expert.

Mémoires relatifs à l'histoire de France. — Collection des classiques latins de Panckouke. — Nombreux ouvrages sur l'équitation, l'hippiatrique, les armes et la guerre. — Blason. — Ouvrages à figures. — **Portraits anciens.** — Littérature. — Histoire. — Voyages, etc. — **Manuscrits.**

PARIS
AUGUSTE AUBRY
LIBRAIRE DE LA SOCIÉTÉ DES BIBLIOPHILES FRANÇOIS
rue Séguier-Saint-André-des-Arts, 18

1874

ORDRE DES VACATIONS

PREMIÈRE VACATION

Le *Mardi 3 Février*, n° 1 à 131.

DEUXIÈME VACATION

Le *Mercredi 4 Février*, n° 132 à 286.

TROISIÈME VACATION

Et *Jeudi 5 Février*, environ **1,000 Volumes** d'ouvrages non catalogués, qui seront vendus en lots.

CONDITIONS DE LA VENTE

Elle sera faite au comptant.

Les Acquéreurs paieront CINQ POUR CENT, en sus des enchères.

Les Livres seront vendus sans garantie et ne seront sujets à rapport pour aucune cause.

CATALOGUE
DE LIVRES
ANCIENS ET MODERNES

COMPOSANT LA BIBLIOTHÈQUE

De Feu M. le Marquis de SAINT-CLOU

Ancien officier de la garde royale

THÉOLOGIE

Écriture sainte. — Liturgie.

1. Biblia sacra vulgatæ éditionis. *Lugduni, Bourgeat.* 1669; in-4, v. b., tr. dor., coins en cuivre.
2. Biblia sacra cum Franc. Vatabli et variorum interpretum annotationibus. *Parisiis*, 1729; 2 vol. in-fol., v. gr.
3. Le Nouveau Testament en latin et en français, traduit par Sacy. *Paris, Savgrain, Imp. de Didot jeune*, 1798; in-8, sur gr. pap. vél., in-4, dem.-rel. *Figures de Moreau avant la lettre.*
4. **Les presentes Heures** a lusaige de Rome sôt au lôg sâs reqrir et ont este faictes pour Symô Vostre libraire, demourant a Paris a la rue Neuve-Nostre-Dame, a l'enseigne Sainct Jehan levangeliste, par Philippe Pigouchet. Pet. in-fol., goth. de 98 feuillets, v. br., tr. dor. *Encadrements, petites et grandes figures gravées en bois.* (*Piqure de vers, quelques feuillets tachés ou raccommodés.*)

5. Cy commence le mirouer de la redemption de lumain lignage traslate de latin en francoys selon lintenciô de la sainte escripture. *Cy finist le livre du mirouer de la redemption . . . . . veu et corrige et trâslate par reverend docteur en theologye frere iulyen* (*Macho*) *des Augustins de Lyon et a esté imprime lan . . . . 1478 le* XXVI *iour daoust.* Gr. in.-fol. goth., à 2 col. de 46 et 47 lignes, mar. rou., tr. dor., rel. anc. *Curieuses Figures en bois.*

Édition fort rare, imprimée probablement à Lyon.
Raccommodages et mouillures aux derniers feuillets.

6. La vérité des miracles opérés à l'intercession de M. de Paris et autres appellants (par Carré de Montgeron), 1737; 3 vol. rel. en v., non uniformes. *Figures.*
7. Jacques Lenfant. Histoire du Concile de Constance. — Histoire du Concile de Pise. — Histoire de la guerre des Hussites et du Concile de Basle. *Amsterdam,* 1724-1731; 6 vol. in4, v. marb. *Portraits.*
8. Histoire du Concile de Trente, par Fra Paolo Sarpi, traduite par Le Courayer. *Amsterdam, Wetstein,* 1736; 2 vol. in-4, v. gr. *Portraits.*

SCIENCES ET ARTS

Histoire naturelle. — Agriculture.

9. Cosmos, essai d'une description physique du monde, par A. de Humboldt, traduit par Faye. *Paris, Baudry,* 1848; 4 vol. in-8, dem.-rel.
10. Le Cultivateur anglais, ou Œuvres choisies d'agriculture, d'économie rurale et de politique d'Arthur Young, trad. par l'abbé Rozier. *Paris,* 1800; 18 vol. in-8, dem.-rel., mar. rou.

11. Dictionnaire universel de la vie pratique à la ville et à campagne, par Belèze. *Paris, Hachette*, 1859; gr. in-8, rel. en perc.

12. L'art de tourner, ou de faire en perfection toutes sortes d'ouvrages au tour, par le P. Plumier. *Lyon*, 1701; in-fol., v. gr. *Planches. (Mouillé)*.

Équitation.

13. Dell' anatomia et dell' infirmita del cavallo, di Carlo Ruini. *Bologna, Rossi*, 1508; 2 parties en un vol. in-fol., peau de truie gauf. *Armoiries, planches sur bois.*

14. Anatomia del cavallo, infermita e suoi rimedii, opera nuova del sig. Carlo Ruini *Venetia*, 1618; in-fol., parch. *Figures sur bois.*

15. Le cavesson françoys recherché et mis en usage par Baltasar Prevost, sieur de la Figerie, gentilhomme Poictevin. *Poictiers*, 1610; pet. in-4, mar. br., tr. dor. *Titre et figures gravés.*

16. Philippica, ou haras des chevaux de Jean Tacquet. *Anvers*, 1614; in-4, v. gr. *Planches.*

17. La cavalerie françoise et italienne, ou l'art de bien dresser les chevaux par P. de La Noue. *Strasbourg*, 1620; in-fol., parch. *Planches.*

18. Cavallo frenato di Pirro Antonio Ferraro. *Venetia*, 1620; in-fol. cart. *Nombr. fig sur bois.*

19. L'Arte del cavallo di Nic. e Luigi Santa Paulina. *Padova*, 1696; in-4, cart., n. rog. *Frontisp. et portrait.*

20. Pietra paragone de cavalieri, di D. Giusepe d'Alesandro. *Napoli*, 1711; in-fol., dem.-rel. *Planches.*

21. Description du manége moderne, dans sa perfection, par le baron d'Eisenberg. 1727; in-fol., obl., v. marb. *Planches gravées par B. Picart.*

22. La parfaite connoissance des chevaux, par de Saunier. *La Haye Mœtjens*, 1734; in-fol., v. *Portraits et planches.*

23. L'art de la cavalerie ou la manière de devenir bon écuyer, par G. de Saunier. *Paris Jombert*, 1756; in-fol., v. *Planches*.

24. École de cavalerie, contenant la connoissance, l'instruction et la conservation du cheval, par de la Guérinière. *Paris*, 1736; 2 vol. in-8, v. gr. *Portraits et nombreuses figures*.

25. Représentation et description de toutes les leçons des chevaux de manége et de la campagne, par Ridinger. *Augsbourg*. 1760; in-4, cart. *Nombreuses planches gravées. Texte allemand et français*.

26. Traité sur la cavalerie, par le comte Drummont de Melfort. *Paris*, *Desprez*, 1776; in-fol., bas. *Planches*.

27. Des Institutions hippiques et de l'élève du cheval dans les principaux états de l'Europe, par le comte A. de Montendre. *Paris*, 1841; 3 vol. in-8, dem.-rel. *Figures de V. Adam*.

28. De l'Équitation et des haras, par le comte Savary de Lancosme-Brèves. *Paris*, 1842; in-4, dem.-rel., chag. bl. *Dessins de Giraud*.

29. Un fort lot d'ouvrages sur l'équitation, l'hippiatrique et les haras.

Art militaire.

30 De militia equestri antiqua et nova, auct. H. Hugone. *Antverpiæ, ex off. Plantin*, 1630; pet in-fol., v. fauv. *Figures*.

31. Commentaires sur les institutions militaires de Végèce, par le comte Turpin de Crissé. *Paris*, *Nyon*, 1783; 2 vol. in-4, dem.-rel., mar. roug., n. rog. *Planches*.

32. Art de la guerre, par principes et par règles. Ouvrage de M. le maréchal de Puysegur, mis au jour par M. le marquis de Puysegur. *Paris*, *Jombert*, 1748; in-fol., mar. rou. dent., tr. dor., rel. anc. *Portrait et planches. Bel exemplaire*.

Bel exemplaire. Aux armes de Montmorency.

33. Histoire de la milice françoise, par le R. P. Daniel. *Paris, Mariette*, 1721 ; 2 vol. in-4, v. fau. dent., tr. dor. *Figures.*

Exemplaire en grand papier, relié par Bozérian le jeune.

34. Les discours et questions militaires, par le sieur Du Praissac. *Rouen, chez L. Dumesnil*, 1636 ; in-8, parch. *Figures sur bois.*

35. Maniement d'armes, d'arquebuses, mousquetz et piques, en conformité de l'ordre de Monseigneur le prince Maurice, prince d'Orange, représenté par figures, par Jacques de Gheyn. *Amsterdam*, 1607 ; in-4, dem.-rel.

36. Traité des armes, par le sieur J.-G. Girard. *La Haye, de Hondt*, 1740 ; in-4, obl., dem.-rel. *116 planches.*

37. Le gouvernement de la cavalerie légière, par G. Basta, traduit en langue françoise. *Hanau*, 1614 ; pet. in-fol. parch., *Grandes planches gravées de Th. de Bry.*

38. Le gouvernement de la cavallerie légére, par G. Basta. *Rouen, Berthelin*, 1627. — Artillerie ou vraye instruction de l'artillerie et de ses appartenances, par Diego Ufano, traduit de l'espagnol. *Rouen, Du Petit Val*, 1628 ; en un vol. in-fol., bas. *Figures.* (Mouillé).

39. L'essercitio della cavalleria et d'altre materie del capitano Flaminia della Croce. *Anversa, Lesteenio*, 1629 ; pet. in-fol., parch. *Figures.*

Bel exemplaire.

40. Ordonnance du roi, pour régler l'exercice de la cavalerie. *Paris, Imp. Roy.*, 1766 ; pet. in-fol., parch. vert. *22 grandes planches.*

Sur le volume se trouvent ces mots frappés en or : Mr de Bermond, capitaine de cavalerie au régiment de Berri.

41. Regole militari del cavalier Melzo sopra il governo e servitio della cavalleria. *Anversa, Trognæsio*, 1611 ; pet. in-fol., v. fauv. *Planches.*

42. Instruction théorique et pratique sur le tir des armes à feu, par S. A. R. monseigneur le duc d'Orléans, *Paris, Dumaine*, 1845 ; in-4, chag. viol., tr. dor. *Autographié.*

43. Artillerie, c'est-à-dire vraye instruction de l'artillerie et de toutes ses appartenances, traduit de l'espagnol de Diego Ufano, par Th. de Bry. *Francfort*, 1614; in-fol., parch. *Figures*.

BEAUX-ARTS

Sculpture. — Peinture. — Gravure.

44. Storia delle arti del disegno presso gli antichi di G. Winkelmann. *Roma*, 1784; 3 vol. in-4, parch. *Planches*.

45. Histoire de l'art, chez les anciens, par Winkelmann, traduit de l'allemand. *Paris*, 1790; 3 parties en 2 vol. in-4, dem.-rel., v. ant. *Planches*.

46. Storia della scultura dal suo risorgimento in Italia fino al secolo di Canova, del conte Cicognara. *Prato*, 1823; 7 vol., gr. in-8, dem.-rel., d. et c., mar. rou., n. rog. *Portrait*.

47. De l'usage des statues chez les anciens (par l'abbé de Guasco). *Bruxelles*, 1768; in-4, cart., n. rog. *Planches*.

48. Analyse de la beauté, par G. Hogarth. *Paris*, 1805; 2 vol. *Planches*. — Discours prononcés à l'Académie royale de peinture de Londres, par Reynolds. *Paris*, 1787; 2 vol. Ensemble 4 vol. in-8, dem.-rel., v. fau.

49. Musée de sculpture antique et moderne, par le comte de Clarac. *Paris*, 1826; 5 vol. in-4, obl., dem.-rel., v. rose. *Planches seulement*.

50. Trattato della pittura di Lionardo da Vinci, scritta da R. Du Fresne. *Parigi*, 1733; in-fol., parch. *Figures*.

51. Histoire de la peinture flamande et hollandaise, par A. Michiels. *Bruxelles*, 1845; 3 vol. in-8, dem.-rel, bas.

52. Storia dell' Accademia Clementina di Bologna (da G. Zanotti. *Bologna*, 1739; 2 vol. in-4, bas. marb. *Portraits*.

53. Œuvres posthumes de Girodet-Trioson, publ. par A. Coupin. *Paris*, *J. Renouard*, 1829; 2 vol. *Figures.* — Canova et ses ouvrages. — Histoire de Raphael, par Quatremère de Quincy. Ensemble 4 vol. in-8, d. rel.

54. Catalogue des tableaux, dessins et estampes, composant l'une des collections de M. L. Dufourny, par H. Delaroche. *Paris*, 1819; in-4, dem.-rel., mar. vert *Planches au trait.*

55. Catalogue raisonné des tableaux du roy, avec un abrégé de la vie des peintres, par Lépicié. *Paris*, *Imp. Roy.*, 1752; 2 vol. in-4, v. fau.

56. Abrégé de la vie des plus fameux peintres (par d'Argenville). *Paris*, *De Bure*, 1762; 4 vol. in-8, v. marb. *Portraits.*

57. Vite de piu eccelenti pittori, scultori ed architetti, da G. Vasari. *Livorno*, 1767-72; 7 vol., pet. in-4, v. marb. *Portr.*

58. Vie des peintres, sculpteurs et architectes, par G. Vasari, traduit par Léclanché. *Paris*, *Just Tessier*, 1841; 10 vol. in-8, dem.-rel. *Portraits.*

59. Vite de pittori, scultori ed architetti moderni, da L. Pascoli. *Roma*, 1730; 3 vol. in-4, parch.

60. Notizie dé professori del disegno da Cimabue in qua (dal 1260 sino al 1670), opera da Baldinucci. *Firenze*, 1681-1728; 3 vol. in-4, v. br.

61. Vie des Peintres flamands et hollandais, par Descamps, réunie à celle des Peintres italiens et français, par d'Argenville. *Marseille*, 1842; 5 vol. — Voyage de la Flandre et du Brabant, par Descamps. *Paris*, 1838. Ens. 6 vol. in-8, dem.-rel. v.

62. Notices générales des graveurs et des peintres, précédées de l'histoire de la gravure et de la peinture, par Huber. *Dresde*, 1787; in-8, dem.-rel. v.

63. Traité des pierres gravées, par P. J. Mariette, *Paris*, *Imp. de l'auteur*, 1750; 2 vol. pet. in-fol., v. fau., fil., tr. dor. *Planches.*

Bel exemplaire.

64. Traité des pierres gravées, par P.-J. Mariette. *Paris, impr. de l'auteur*, 1750; 2 vol. in-fol., v. marb. *Planches.*

65. Description des principales pierres gravées du cabinet de Monseigneur le duc d'Orléans (par La Chau et Le Blond). *Paris*, 1780; 2 vol. pet. in-fol., dem.-rel. *Planches.*

66. Choix des pierres gravées du Cabinet impérial des Antiques, décrites par l'abbé Eckel. *Vienne*, 1788; in-fol. bas. tr. dor. *40 planches.*

67. Dictionnaire des Monogrammes sous lesquels les plus célèbres peintres ont désigné leurs noms, par Brulliot. *Munich*, 1817; in-4., br. *Planches.*

Livres à figures.

68. Historiarum Seraphicæ religionis libri tres, seriem temporum continentes, quibus brevi explicantur fundamenta, universique ordinis amplificatio, gradus et instituta, a P. Rodulphio. *Venetiis*, 1586; in-fol., rel. anc. mar. rou., fil. tr. dor. *Armoiries, portraits et figures sur bois.*

Bel exemplaire.

69. Vita D. Thomæ, Aquinatis, Othonis. Væni ingenio et manu delineata. *Bruxellis*, 1778; petit in-fol., dem.-rel. bas. *Titre et 30 planches gravés.*

70. Les images ou tableaux de Platte peinture des deux Philostrastes, sophistes Grecs, mis en françois par Blaise de Vigenère, Bourbonnois. *Paris, veuve Abel L'Angelier*, 1614; in-fol., dem.-rel. *Planches.*

71. Œuvre de Jean Holbein ou Recueil de gravures, d'après les plus beaux ouvrages de ce fameux peintre, publié par Chretien de Mechel. *Baslé*, 1780; gr. in-4, dem.-rel., chag. rou.

Le Triomphe de la Mort. — La Passion de Jésus-Christ. — Costumes Suisses. — Portraits.

72. Essai sur les Danses des morts, par E.-H. Langlois. *Rouen, Lebrument*, 1851 ; 2 vol. gr. in-8, dem.-rel., chag. n., d. en t., n. rog. *Planches et vignettes.*

73. Recueil de gravures, d'après un choix de tableaux de toutes les Écoles, par Lebrun. *Paris, Didot jeune*, 1809 ; 2 tomes et un vol. in-8, dem.-rel. n. rog.

74. — Les forces de l'Europe, Asie, Afrique et Amérique, ou description des principales villes, avec leurs fortifications, dessinées par les meilleurs ingénieurs, avec cartes, par N. de Fer et Beaulieu. *Paris, s. d.*, 20 parties en 4 vol. in-fol., obl. v. gr. *Env.* 500 *planches.*

75. — L'art architectural en France, depuis François Ier jusqu'à Louis XIV, par E. Rouyer, texte par A. Darcel. *Paris, Baudry*, 1863 ; 2 vol. gr. in-4, en livraisons dans des cartons. *Planches.*

76. Œuvre de Flaxman. *Paris, Bance*; in-fol., dem.-rel. perc. *Planches au trait.*

77. Collection d'onze planches lithographiques, représentant la vue de Newmarket et la vie du Cheval de course, par Dubost. *Paris*, 1818 ; gr. in.-fol., dem.-rel. perc.

78. Les vrays portraits des Roys de France, par J. de Bie. *Paris, J. Camusat*, 1636, in-fol. bas. *Portraits.*

79. Les augustes représentations de tous les Roys de France jusqu'à Louis XIV, et des quelques personnages célèbres du XVIIe siècle, par de l'Armessin. *Paris*, 1679 ; in-4, v. marb. *165 portraits.*

80. Les triomphes de Louis le juste, XIIIe du nom, roi de France et de Navarre, trad. latine en regard par le R. P. Nicolaï. *Paris, Ant. Etienne*, 1649; in.fol. v. br., reliure fatiguée. *Nombr. planches gravées.*

81. L'entrée triomphante de leurs majestés Louis XIV, roi de France et de Navarre, et de Marie-Thérèse d'Autriche dans la ville de Paris. *Paris, P. Le Petit*, 1662; in-fol cart. *Fig. de Jean Marot.*

82. Le sacre de Louis XV, roi de France, dans l'église de Reims, le 25 octobre 1722, rédigé par Danchet; gr. in-fol. v. marb., tr. dor. *Belles planches.*

Exemplaire aux armes du roi, avec chiffres sur le dos et aux coins du volume.

83. Campagnes de Louis XV, ou tableau des expéditions militaires des Français sous le dernier règne. *Paris*. 1788; in-fol. v. marb. *Portraits et Planches.*

84. Sacre et couronnement de Louis XVI, roi de France. à Rheims. *Paris*, 1775; in-4, v. marb. *Nombr. planches et vignettes.*

85. Collection complète des tableaux historiques de la Révolution française. *Paris, Auber*, 1804; 3 vol. in-fol., v. porph., tr. dor., papier vélin. *Planches.*

86. Recueil de planches gravées à l'eau-forte, d'après Van der Meulen, par Huchtenburgh, Baudoin, Bonnart, Cochin, Simonneau, Erlinger, gr. in-fol., mar. rou. *aux armes de France, anc. reliure bien conservée.*

Vue de Paris (Pont-Neuf), diverses Vues de Fontainebleau et Versailles, Campagnes du roi dans le Nord et la Franche-Comté.

87. Le cabinet de la bibliothèque de Sainte-Geneviève, par le R. P. Claude du Molinet. *Paris, Dezallier*, 1692, in-fol., v. br. *Planches.*

88. Aedes Barberinæ ad Quirinalem a comite Hier. Tetio Perusino descriptæ. *Romæ*, 1642; in-fol. parch. *Planches.*

89. Vivæ omnium fere imperatorum imagines, a C. Julio Cæsare usque ad Carolum V, per Hubertum Goltz. *Antverpiæ*, 1557; in-fol. vél., tr. dor. *Beau titre et planches imprimées à deux teintes.*

90. Effigies, nomina et cognomina Innocentii XI et cardinalium nunc viventium. *Romæ* (vers 1700), pet. in-fol. bas. *65 portraits.*

91. Del palazzo de Cesari, opera postuma di Franc. Bianchini. *Verona*, 1738; in-fol. parch. *Planches.*

92. Stylobates columnæ Antoninæ. *Romæ, De Rubeis*, 1708; in-fol. — L'entrée de l'empereur Sigismond à Mantoue. 25 feuilles gravées, 1765; in-fol., obl. cart. Ens. 2 vol.

93. Li Bassirilievi antichi di Roma incisi da Piroli, colle illustraz. di Zoega, publicati da P. Piranesi. *Roma*, 1808; 2 vol. in-fol., br. *116 planches.*

94. Le antiche lucerne sepolcrali figurate, raccolte dalle cave sotterranee di Roma, da P. Santi Bartoli. *Roma*, 1729; 2 part. en un vol., pet. in-fol., dem.-rel. *Planches.*

95. Le migliori pitture della Certosa di Napoli, disegnate da L. Angelini, ed illustrate da Raffaele Liberatore. *Parigi*, 1843; in-fol. cart. *Planches.*

96. Pacificatores orbis Christiani sive icones principum, ducum et legatorum qui Monasterii atque Osnabrugæ pacem Europæ reconciliarunt, ab A. Van Hulle. *Rotterod.*, 1697; in-fol., cart. *131 portraits.*

97. Historica narratio profectionis et inaugurationis Sereniss. Belgii principum Alberti et Isabellæ Austriæ archiducum, auct. J. Bohio. *Antverpiæ, ex off. Plantiniana*, 1602; in-fol., v. fau. *Planches.*

98. Relation du voyage de Sa Majesté britannique en Hollande, et de la réception qui lui a été faite. Enrichie de planches très-curieuses. *La Haye, Arnout Leers*, 1692; in-fol. cart.

99. Histoire des philosophes modernes, par Saverien. *Paris*, 1761; 3 parties en un vol. in-4, dem.-rel. *Portraits et planches au bistre.*

100. La Gallerie des Femmes fortes, par le P. Le Moyne. *Paris, de Sommaville*, 1647; in-fol., dem.-rel. chag. *Planches par Vignon, gravées par Mariette* (*lég. mouillé*).

101. Les hommes illustres qui ont paru en France pendant ce siècle, par Perrault. *Paris, Dezallier*, 1696; 2 tomes en 1 vol. in-fol., v. marb. *Beaux Portraits.*

102. Le Plutarque français. Vies des hommes et femmes illustres de la France, par Ed. Mennechet. *Paris, imp. de Crapelet*, 8 vol. gr. in-8, dem.-rel., v. vert. *Planches noires.*

103. — Les illustres modernes, ou tableau de la vie privée des principaux personnages qui ont acquis de la célébrité depuis la Renaissance des lettres. *Paris, Leroy.* 1788 ; in-fol., dem.-rel. *Portraits.*

104. Galerie historique des hommes les plus célèbres de tous les siècles et de toutes les nations, par Landon. *Paris*, 1805 ; 13 vol. in-12, dem.-rel. *Fig. au trait.*

105. Académie des sciences et des arts, contenant les vies et les éloges historiques des hommes illustres qui ont excellé en ces professions depuis quatre siècles, par Isaac Bullart. *Amsterdam*, 1682 ; 2 vol. in-fol., v. br. *Portraits.*

106. Collection de **159 portraits de personnages célèbres** du XVIIe siècle, gravés par de l'Armessin. in-4, bas.

107. Suite d'environ **400 portraits de rois, princes et personnages célèbres, par Moncornet** ; reliés en 2 vol., pet. in-fol., anc. rel.

108. Plusieurs portefeuilles **d'estampes anciennes, suites de portraits** de rois, reines et grands personnages.

109. Iconographie grecque, par Visconti. *Milan*, 1824 ; 3 vol. in-8, dem.-rel., mout. rou. *Planches.*

110. Antiquités étrusques, grecques et romaines, tirées du cabinet de M. Hamilton (par Hugues d'Hancarville). *Naples*, 1766 ; gr. in-fol., mar. rou., anc. rel. à larges dentelles, tr. dor. *Planches en couleur (Tome 1er).*

111. Peintures antiques inédites précédées de recherches sur l'emploi de la peinture dans la décoration des édifices chez les Grecs et les Romains, par Raoul Rochette. *Paris, imp. Roy.* 1836 ; in-4, dem.-rel., v. bl. *Planches noires et coloriées.*

112. Peintures antiques inédites, précédées de recherches sur l'emploi de la peinture chez les Grecs et les Romains, par Raoul Rochette. *Paris, imp. roy*, 1836; in-4, dem.-rel., v. vert. *Planches noires et coloriées.*

113. Musée des antiques, dessiné et gravé par P. Bouillon, peintre, avec des notices explicatives par de Saint-Victor. *Paris, imp. de P. Didot l'aîné*; 2 vol. in-fol., dem.-rel., d. et c. mar. viol., n. rog. *Planches.*

114. Monumenti antichi inediti spiegati ed illustrati da G. Winckelmann. *Roma, Mordacchini*, 1821; 3 vol. in-fol., cart., n. rog. *Planches.*

115. Vues des ruines de Pompeï, publiées par Roux frères. *Paris, F. Didot*, 1828; in-4, d. et c., mar. r. *Nomb. planches.*

116. **L'Antiquité expliquée** et représentée en figures par B. de Montfaucon. *Paris*, 1719-1724; 10 vol. et supplément 5 vol. Ens. 15 vol. in-fol., v. br. *Planches.*

Musique.

117. Musique ancienne imprimée et manuscrite; 5 vol. in-fol., v.

Alceste. — Cadmus. — Phaéton. — Persée. — Cantates.

118. Musique. 8 vol. in-4, parch.

Dardanus, par Sacchini. — Armide, par Gluck. — Didon, par Piccini. — Iphigénie en Aulide, de Gluck. — Phèdre, de Le Moyne. — Barbier de Séville, par Framery. — Romances.

BELLES-LETTRES

Poésie.

119. P. Virgilii Maronis opera, cum Servii Donati et Ascensii commentariis. *Venetiis apud Juntas*, 1542; in-fol., dem.-rel. *Figures sur bois.*

Bel exemplaire.

120. Les œuvres de Virgile, traduites en français, texte en regard par l'abbé Desfontaines. *Paris, Quillau*, 1743; 4 vol. pet. in-8, v. marb. pl. *Portraits et vignettes de Cochin.*

121. Le Roman des seigneurs de Gavres. *Bruxelles, Vandale, s. d.;* in-4, d.-rel., d. et c. chag. rou., d. en t.
Réimpression fac-simile d'un manuscrit avec figures coloriées.

122. Contes et Nouvelles en vers, par de La Fontaine. *Paris, Plassan*, 1792; 2 vol. in-8, bas. verte, tr. dor.
Contrefaçon des Fermiers-Généraux.

123. Fables nouvelles, par M. de La Motte. *Paris, Dupuis*, 1719; in-4, v. marb. *Grand papier. Jolies vignettes.*

124. La Pucelle, ou la France délivrée, poëme héroïque, par Chapelain. *Paris, A. Courbé*, 1656; in-fol., d.-rel. *Portrait et planches, par C. Vignon.*

125. La Henriade de Voltaire, avec les variantes. Imprimé pour l'éducation de Mgr le Dauphin. *Paris, P. Didot*, 1790; in-4, pap. vélin, d.-rel., v. bl. *Portraits (Bibolet).*
Figures de Moreau. Avant la lettre.

126. **Dorat**. Fables nouvelles. *A La Haye et Paris, Monory*, 1773; in-8, mar. rou., fil., tr. dor., doub. de tabis. *Vign.*
Très-bel exemplaire en grand papier de Hollande, relié par *Derome.*

127. OEuvres poétiques de Boileau, avec notes, par Auger. *Paris, Brière*, 1825; in-8, d.-rel., v. fau. *Portr.*

128. OEuvres de Ducis. *Paris, Nepveu*, 1826; 3 vol., d.-rel., v. ant. — Lettres sur la vie de J.-F. Ducis, par Campenon. 1824; v. viol. Ens. 4 vol. in-8. *Figures.*

129. OEuvres de Colardeau. *Paris, Ballard*, 1779; 2 vol. in-8, v. marb., fil. *Portrait et vignettes de Monnet.*

130. La Gerusalemme liberata, di Torquato Tasso. *Parigi*, 1771; 2 vol. in-8., v. marb., tr. dor. *Vignettes de Gravelot.*

131. Jérusalem délivrée, du Tasse, trad. de l'italien. *Paris, Bossange*, 1810; 2 vol. in-12, rel. pl., v. bl., tr. dor. *Portr. et figures avant la lettre.*
Exemplaire tiré sur papier vélin, in-8.

Romans. — Théâtre.

132. Les Amours pastorales de Daphnis et Chloé, par Longus, double traduction par Amyot et un anonyme. *Paris, imprimée pour les curieux*, 1757 ; pet. in-4, v. rac., tr. dor. *Figures du Régent, gravées par Audran*

133. **Heptaméron françois.** Les Nouvelles de Marguerite, reine de Navarre. *Berne, Walthard*, 1780 ; 3 vol. in-8, v. marb., tr. dor. *Ornés de vignettes et figures de Freudenberg, gravées par de Longueil.*

134. Les Aventures de Télémaque, fils d'Ulysse, par de Fénelon. Imprimé pour l'éducation de Mgr le Dauphin. *Paris, impr. de Didot l'aîné*, 1783 ; 4 vol. in-18, v. fau., tr. dor.

135. Les Aventures de Télémaque, par Fénelon. *De l'impr. de Monsieur*, 1785 ; 2 vol. in-4, pap. vélin, v. br., fil., tr. dor.

Portrait et figures gravées par Tilliard, d'après les dessins de Monnet.

136. Les principales Aventures de Don Quichotte, représ. en figures, par Coypel, Picart et autres habiles maîtres. *Liége*, 1776 ; in-fol., br. *Pl.*

137. Contes de Bocace, trad. par Sabatier de Castres. *Paris, Poncelin*, 1801 ; 11 vol. in-18, br. *Figures.*

138. **Contes de J. Bocace**, traduction nouvelle. *Londres*, 1779 ; 6 vol. in-8, v. marb., fil., tr. dor. *Figures de Gravelot, Eisen et Cochin.*

Bel exemplaire.

139. Œuvres de Molière. *Paris, veuve Duchesne*, 1770 ; 8 vol. in-12, v. marb. *Vignettes.*

140. Théâtre complet d'Eug. Scribe. *Paris, A. André*, 1834 ; 9 vol. in-8, d.-rel., v. rose et 11 vol. br. *Fig.*

141. Histoire du théâtre italien, par L. Riccoboni. *Paris, Cailleau*, 1730 ; 2 vol. in-8, v. ant. *Figures de Joullain.* (*Lesné.*)

Épistolaires. — Polygraphes.

142. Lettres du cardinal d'Ossat, avec des notes historiques, par Amelot de La Houssaye. *Paris*, 1698, 2 vol. in-4, v. gr. *Portrait*.

143. Lettres du maréchal de Saint-Arnaud. *Paris*, *Lévy*, 1855; 2 vol. in-8, d.-rel., bas. *Portr.*

144. Œuvres de Plutarque, trad. du grec par J. Amyot. *Paris*, *Bastien*, 1784; 15 vol. et supplément 3 vol. Ens. 18 vol. in-8, v. marb.

145. Bibliothèque latine-française, publiée par Panckoucke. *Paris*, *Panckoucke*, 1826-39; 178 vol. in-8 et 2 vol, in-4 de planches, cart.

146. Les Essais de Michel, seigneur de Montaigne, avec des notes par P. Coste. *Paris*, 1725; 3 vol. in-4, v. marb. *Portrait*.

147. Quatre dialogues faits à l'imitation des anciens, par Orasius Tubero (La Mothe Le Vayer). *Francfort*, *Jean Sarius*, 1506; in-4, mar. vert, fil., dent., tr. dor., rel. anc. *Portrait ajouté*.

Bel exemplaire.

148. Œuvres badines du comte de Caylus. *Amsterdam et Paris*, 1787; 12 vol. in-8, bas., marb. *Fig. de Marillier*.

149. Mémoires, correspondance et ouvrages inédits de Diderot. *Paris*, *Paulin*, 1830; 4 vol. in-8, d.-rel., v. fau., n. rog.

150. Œuvres de Napoléon Bonaparte. *Paris*, *Panckoucke*. 1821; 5 vol. in-8. d.-rel., chag. bl.

151. Œuvres complètes d'Alex. Duval. *Paris*, *Barba*. 1822; 9 vol. in-8, d.-rel. *Portr.*

152. Œuvres de L.-B. Picard. *Paris*, *Barba*, 1821; 10 vol. in-8, d.-rel., v. bl. *Portr.* (*Le tome 6e est broché.*)

153. Œuvres de Lemontey. *Paris*, *Sautelet*, 1829; 5 vol. — Histoire de la Régence et de la Minorité de Louis XV. *Paris*, *Paulin*. 1832; 2 vol. Ens. 7 vol. in-8, d.-rel., v. fau.

154. Œuvres complètes de Pope, trad. en françois. *Paris, Duchesne*, 1779; 8 vol. in-8, v. gr., tr. dor. *Portr. et figures de Marillier.*

155. Œuvres de Walter Scott. *Paris, Furne*, 1830; 32 vol. in-8, d.-rel., bas. verte.

156. Œuvres de Hoffmann. *Paris, Lefebvre*, 1829; 10 vol. in-8, d.-rel. *Portr.*

157. Correspondance secrète, politique et littéraire des Mémoires p. s. à l'hist. des cours et de la littérature en France, dep. la mort de Louis XV (par Métra et autres). *Londres, Adamson*, 1787; 18 vol. in-12, cart. *Rare.*

158. Mémoires secrets pour servir à l'histoire de la République des lettres en France, depuis 1762 jusqu'en 1787 (par de Bachaumont et autres). *Londres*, 1777; 36 vol. in-12, d.-rel. bas.

HISTOIRE

Géographie — Voyages. — Histoire ancienne.

159. Voyage autour du Monde, par Dumont-d'Urville, *Paris, Tenré*, 1834; 2 vol. gr. in-8, dem.-rel., chag. v. *Cartes et fig.*

160. Terzo volume delle navigationi et viaggi raccolto gia da M. Gio-Battista Ramusio. *Venetia, Giunti*, 1565; in-fol. vél. de 454 p. *Cartes et fig. sur bois.*

161. Itinéraire et Souvenirs d'un voyage en Italie, en 1819 et 1820 (par Ducos). *Paris, Dondey-Dupré*, 1829; 4 vol. gr. in-8, br. *Cartes.*

162. Voyages historiques et littéraires en Italie, par Valéry. *Paris, Le Normant*, 1831; 5 tomes en 9 parties in-8, d.-rel. mar. rou. *Intercalé de papier blanc. Notes manuscrites.*

163. Voyage au pays des Mormons, par J. Rémy. *Paris, Dentu*, 1860; 2 vol. in-8, d.-rel. v. fau., n. rog. *Carte et fig.*

164. Découverte de l'Albert N'Yanza, par White Baker, trad. de l'angl. par G. Masson. *Paris, Hachette*, 1868; gr. in-8, d.-rel. v. fau., n. rog. *Carte et fig.*

165. Voyages et découvertes dans l'Afrique septentrionale et centrale, par le Dr H. Barth, trad. de l'allem. *Paris, F. Didot*, 1863; 4 vol. in-8, d.-rel. v. fau., n. rog. *Carte et fig.*

166. Explorations dans l'intérieur de l'Afrique australe, par le Dr Livingstone, trad. de l'angl. *Paris, Hachette*, 1859; gr. in-8, d.-rel. v. fau., n. rog. *Carte et figures.*

167. Les Sources du Nil, journal de Hanning Speke, trad. de l'angl. par Forgues. *Paris, Hachette*, 1864; gr. in-8, d.-rel. v. fauv., n. rog. *Carte et figures.*

168. Voyage en Abyssinie, par Combes et Tamisier. *Paris*, 1838; 4 vol. in-8, d.-rel. v. viol.

169. Voyages en Perse et dans l'Afghanistan, par Ferrier. *Paris*, 1860; 2 vol. — La Chine et le Japon, par L. Oliphant, trad. par Guizot. 1860; 2 vol. — Les Anglais et l'Inde, par de Valbezen. *Paris*, 1857; 1 vol. Ens. 5 vol. in-8, d.-rel. v., n. rog.

170. Histoire d'Hérodote, trad. du grec. *Paris*, 1802; 9 vol. in-8, v. gr.

171. Bibliothèque historique de Diodore de Sicile trad. du grec par Miot. *Paris, imp. roy.*, 1834; 7 vol. in-8, d.-rel. v. rose, n. rog.

172. Histoire romaine de Tite-Live, trad. en allemand. 1533; in-fol. vél., gauf., anc. rel. *Nombr. gravures en bois.*

173. Histoire de la décadence et de la chute de l'Empire romain, trad. de l'angl. de Gibbon, par Guizot. *Paris*, 1828; 13 vol. in-8, d.-rel. v. ant.

174. La Mer des hystoires, augmentée en la fin du dernier volume de plusieurs belles hystoires. Et premièrement des faitz, gestes et victoires du roy Charles VIII..... *Cy-finist la mer des histoires... Imprimé à Lyon par Claude Daoust, pour maistre Jehan Dyamantier, marchant libraire et citoyen dudit Lyon*, 1506; in-fol., goth. à 2 col., bas. *Petites et grandes gravures en bois.*

Titre déchiré, mouillures et quelques défectuosités.

175. L'Art de vérifier les dates des faits historiques, des chartes, des chroniques et autres monuments, dep. la naissance de N.-S., par les religieux de la Congrég. de S.-Maur. *Paris, Desprez*, 1770; in-fol., v., br., tr. dor.

Histoire de France.

176. Topographia Galliæ. *Franckfurt*, 1655; 2 vol. in-fol., parch. gauf. *Nombr. vues gravées.*

177. Histoire de la Gaule méridionale sous la domination des conquérants germains, par Fauriel. *Paris, Paulin*, 1836; 4 vol. in-8, d.-rel., v. ant.

178. Les Recherches de la France, d'Estienne Pasquier. *Paris, L. Sonnius*, 1607; in-4, d.-rel., v. ant.

179. Histoire de France, depuis Faramond jusqu'à maintenant, par Fr. de Mezeray. *Paris, Guillemot*, 1646; 3 vol. in-fol., mar. bl., dent., tr. dor. *Portraits et médailles gravés.* (*Le titre du tome 3e manque; légères mouillures.*)

Dans un cartouche sur les plats des volumes se trouvent ces mots : « M. le marquis de Bouzols. »

180. Histoire de France, dep. l'établissement de la monarchie françoise, par le P. Daniel. *Paris, Mariette*, 1729; 10 vol. in-4, v. marb. *Vignettes et cartes.*

181. Nouvel Abrégé chronologique de l'histoire de France. par le président Hénault. *Paris*, 1749; in-4. v. marb. *Vignettes de Cochin.*

182. Histoire des Français des divers états aux cinq derniers siècles, par Monteil. *Paris, Janet.* 1828; 8 vol. in-8, dem.-rel. v. viol.

183. Pièces fugitives pour servir à l'histoire de France, avec des notes historiques et géographiques, par le marquis d'Aubais. *Paris, Chaubert.* 1759; 3 vol. in-4. v. marb.

184. Collection complète des mémoires relatifs a l'histoire de France, depuis le règne de Philippe-Auguste jusqu'en 1763, avec des notices, par Petitot. *Paris, Foucault*, 1819-20; 131 vol. — Mémoires de Brantôme, 8 vol. Ens. 139 vol. in-8, dem.-rel.

185. Archives curieuses de l'histoire de France, depuis Louis XI jusqu'à Louis XVIII, collection de pièces rares publiées par Cimber et Danjou. *Paris*, 1837; 15 vol., dem.-rel. v. ant. et 12 vol. br. Ens. 27 vol. in-8.

186. Histoire des Croisades, par Michaud, 5e édit. *Paris, Ducollet*, 1838; 6 vol. in-8, dem.-rel., v. ant. *Cartes.*

187. Mémoires historiques, critiques et anecdotes des reines et régentes de France, par Dreux du Radier. *Paris*, 1808; 6 tomes en 7 parties in-8, dem.-rel. v. fau.

188. Histoire des plus illustres favoris anciens et modernes, recueillie par M. P. D. P. (Pierre du Puy). *Leyde, J. Elsevier*, 1659; pet. in-4, v. fauv.

189. Histoire des états-généraux considérés au point de vue de leur influence sur le gouvernement de la France, de 1355 à 1614, par G. Picot. *Paris, Hachette*, 1872; 4 vol. in-8, br.

190. Société de l'histoire de France. 9 vol. in-8, dem.-rel. n. rog.

Grégoire de Tours, Histoire ecclésiastique des Francs, texte et traduction. 4 vol. — Lettres du cardinal Mazarin. — Mémoires et Lettres de Marguerite de Valois. — Œuvres complètes d'Eginhard. 2 vol. — Mémoires de Pierre de Fénin.

191. La Conquête de Constantinople, par Geoffroi de Ville-Hardouin, avec la continuation de Henri de Valenciennes; texte original, avec traduction par Natalis de Wailly. *Paris, F. Didot*, 1872; gr. in-8, dem.-rel., d. et c. mar. rou., doré en t., n. rog.

192. Mémoires de Ph. de Comines, augmentez par D. Godefroy. *Bruxelles*, 1714; 4 vol. in-8. v. gr. *Portraits*.

193. Mémoires authentiques de J. Nompar de Caumont, duc de la Force, publié par le marquis de La Grange. *Paris, Charpentier*, 1843; 4 vol. in-8, d.-rel. v. f. tr. n. rog.

194. Journal de Henry III ou Mémoires pour servir à l'histoire de France, par Pierre de l'Estoile. — Journal du règne de Henry IV, publiés sous la direction de Lenglet Dufresnoy. *La Haye* et *Paris*, 1744 et 1741; 9 vol. in-8. v. rac.

195. Mémoires de la Ligue, contenant les événements les plus remarquables depuis 1576 jusqu'en 1598. *Amsterdam*, 1758; 6 vol. in-4. v. marb.

196. Capefigue. Hugues Capet, 1839; 4 vol. — Histoire de la Réforme, de la Ligue et du règne de Henri IV, 1834; 8 vol. — Louis XIV, 6 vol. Ens. 18 vol. in-8, dem.-rel.

197. Négociations du président Jeannin. *Paris, P. Le Petit*. 1656; in-fol., v. gr.

198. Les Mémoires de M. le duc de Nevers, gouverneur sous les rois Charles IX, Henry III et Henry IV, en diverses provinces. *Paris, Billaine*, 1665; 2 vol. in-fol., bas. *Portrait*.

199. Mémoires de Daniel de Cosnac, archevêque d'Aix, publiés par le comte J. de Cosnac. *Paris, veuve J. Renouard*, 1852; 2 vol. in-8, dem.-rel. bas. v. *Société de l'Histoire de France*.

200. Mémoires de Condé, servant d'éclaircissement à l'histoire de M. de Thou, par Secousse et Lenglet Dufresnoy. *Londres* et *Paris*, *Rollin*, 1743, 6 vol. in-4. v. marb. *Portraits*.

201. Histoire du règne de Louis le Grand par les médailles, par le P. Ménestrier. *Paris*, 1699; in-fol., v. marb. *Planches, dont quelques-unes remontées.*

202. Histoire de Louis XIV, roi de France, par Bruzen de La Martinière. *La Haye*, 1740; 5 vol. *Fig. de médailles.* — Hist. du règne de Louis XIV, par de Limiers. *Amst.* 1720; 3 vol. *Nomb. portraits.* Ens. 8 vol. in-4, v.

203. Histoire du règne de Louis XIV, roi de France, par H.-P. de Limiers. *Amsterdam*, 1717; 7 vol. in-12, v. gr. *Portraits.*

204. Lettres, instructions et mémoires de Colbert, publiés par P. Clément. *Paris, imp. Imp.*, 1861; 3 vol. pet. in-4, d.-rel. v. fau., n. rog.

205. Correspondance diplomatique de La Mothe-Fénélon, ambassadeur en Angleterre, de 1568 à 1575. *Paris et Londres*, 1838; 7 vol. in-8, d.-rel. v. fau., n. rog.

206. Mémoires sur la vie publique et privée de Fouquet, par A. Chéruel. *Paris, Charpentier*, 1862; 2 vol. in-8, d.-rel. v. fau., n. rog.

207. Mémoires complets et authentiques du duc de Saint-Simon. *Paris, Sautelet*, 1829; 21 vol. in-8, d.-rel. v. fau.

208. Journal et Mémoires du marquis d'Argenson, publiés par J.-B. Rathery. *Paris, veuve J. Renouard*, 1859-1867; 9 vol. in-8, dem.-rel. v. fau., n. rog. (*Publication de la Société de l'Histoire de France.*)

209. Mémoires et Correspondance du maréchal de Catinat, mis en ordre et publiés par Le Bouyer de Saint-Gervais. *Paris, Mongie*, 1819; 3 vol. in-8, v. fau., tr. dor. *Figures* (*Thouvenin*).

210. Mémoires de Mademoiselle de Montpensier. *Maestricht*, 1776; 8 vol. in-12, bas.

211. Les Historiettes de Tallemant Des Réaux, publiées par Monmerqué. *Paris, Levavasseur*, 1834; 6 vol. in-8, d.-rel.

212. Journal de la Régence (1715-1723), par Jean Buvat, pub. par E. Campardon. *Paris, Plon*, 1865 ; 2 vol. in-8, d.-rel. v. fau., n. rog.

213. Chronique de la Régence et du règne de Louis XV (1718-1763). *Paris, Charpentier*, 1857 ; 8 vol. in-12, d.-rel. bas.

214. Mémoires du duc de Luynes sur la cour de Louis XV (1735-1758), publiés par Dussieux et Eud. Soulié. *Paris, F. Didot*, 1860 ; 17 vol. in-8, d.-rel. v. fau., n. rog.

215. Correspondance secrète et inédite de Louis XV, sur la politique étrangère, publ. par E. Boutaric. *Paris, Plon*, 1866 ; 2 vol. — Correspondance de Louis XV et du maréchal de Noailles, pub. par C. Rousset. *Paris*, 1865 ; 2 vol. Ens. 4 vol. in-8. d.-rel. bas., n. rog.

216. Mémoires du marquis de Pomponne, publiés par Mavidal. *Paris*, 1860 ; 2 vol. in-8, d. rel. v. fau., n. rog.

217. Mémoires de Malouet. *Paris, Didier*, 1868 ; 2 vol. in-8, d.-rel. v. fau., n. rog. *Portr.*

218. Mémoires de madame la comtesse Du Barri. *Paris, Mame*, 1829 ; 6 vol. in-8, br.

219. Journal du marquis de Dangeau. *Paris, Didot*, 1854 ; 19 vol. in-8, d.-rel. bas.

220. Histoire de la Révolution française, par M. Thiers. *Paris, Furne*, 1836 ; 10 vol. in-8, d.-rel. perc. *Figures*. (*Mouillé*).

221. Histoire du Consulat et de l'Empire, par M. Thiers. *Paris, Paulin*, 1845 ; 20 vol, in-8 et atlas in-fol., d.-rel. bas. bl.

222. Mémoires et Souvenirs d'une femme de qualité sur le Consulat, l'Empire, Louis XVIII et jusqu'à l'année 1829. *Paris, Mame*, 1829-1830 ; 10 vol. in-8, br.

223. Mémoires pour servir à l'histoire des événements de la fin du XVIIIe siècle, dep. 1760 à 1810, par l'abbé Georgel. *Paris*, 1817 ; 6 vol. in-8, d.-rel. *Planche.*

224. Mémoires p. s. à l'histoire de France sous Napoléon, par les généraux Gourgaud et de Montholon. *Paris*, 1823; 7 vol. in-8, d.-rel. v. vert.

225. Traité des grandes opérations militaires, ou Relation critique et comparative des campagnes de Frédéric et de Napoléon, y compris la campagne de 1815. *Paris, Giguet, Michaud et Anselin*, 1807-1839; 21 vol. in-8, d.-rel. v. fau., n. rog.

226. Histoire de l'expédition de Russie, par le marquis de Chambray. *Paris*. 1825; 3 vol. in-8, d.-rel. v. fau. *Cartes et fig*.

227. Mémoires du duc de Rovigo, p. s. à l'histoire de l'empereur Napoléon. *Paris, Bossange*. 1828; 8 vol. in-8. d.-rel. v. fau.

228. Mémoires du duc de Raguse, de 1792 à 1832. *Paris, Perrotin*, 1857; 9 vol. in-8. *Portr.* — Voyage du maréchal duc de Raguse. *Paris*, 1837; 5 vol. in-8 et atlas. Ens. 15 vol. d.-rel.

229. Histoire politique et militaire du prince Eugène Napoléon, par de Vaudoncourt. *Paris*. 1828; 2 vol. — Mémoires du maréchal Soult. *Paris*. 1854; 3 vol. — Mémoires du maréchal Suchet. *Paris*, 1834; 2 vol. — La reine Hortense en Italie, en France et en Angleterre. 1834. — Mémoires secrets sur la vie de Lucien Bonaparte. *Londres*, 1818; 2 vol. Ens. 10 vol. in-8, d.-rel.

230. Mémoires et Correspondance militaire et politique du roi Joseph, publiés et annotés, par A. Du Casse. *Paris, Perrotin*, 1853; 10 vol. in-8, d.-rel. bas.

231. Mémoires et Correspondance politique et militaire du prince Eugène, publiés par A. Du Casse. *Paris, Lévy*, 1858; 10 vol. in-8, d.-rel. v. fau., n. rog.

232. Mémorial de Sainte-Hélène, par le comte de Las Cases. *Paris*, 1823; 8 vol. in-8, d.-rel. v.

233. Mémoires d'Outre-tombe, par le vicomte de Chateaubriand. *Paris*, 1849; 12 vol. in-8, d.-rel.

234. Mémoires d'un Bourgeois de Paris, par le docteur Véron. *Paris, De Gonet*, 1853; 6 vol. in-8, dem.-rel. bas.

Provinces de France.

235. Histoire générale de la Normandie, contenant les choses mémorables advenues depuis les premières courses des Normands païens, etc., par G. Du Moulin. *Rouen, J. Osmont*, 1631; in-fol. v. br.

236. Les Conquestes et les Trophées des Norman-François, aux royaumes de Naples et de Sicile, aux duchés de Calabre, d'Antioche, etc., par G. Du Moulin. *Rouen, David Du Petit-Val*, 1658; in-fol., parch.

237. Histoire de la Normandie, jusqu'à la réunion de cette province au royaume de France, par Th. Licquet et Depping. *Rouen, Frère*, 1835; 4 vol. in-8, d.-rel. v. fau., n. rog.

238. Histoire du diocèse de Bayeux, par Hermant. *Caen*, 1705; in-4, bas.

239. Histoire civile et ecclésiastique du comté d'Évreux, par Le Brasseur. *Paris*, 1722; in-4, v. br. *Nombreuses notes manuscrites.*

240. Histoire de la Vendée militaire, par Crétineau-Joly. *Paris, Gosselin*, 1843; 4 vol. in-12. d.-rel. v. fau., n. rog.

241. Histoire de la réunion de la Lorraine à la France, par le comte d'Haussonville. *Paris, Lévy*, 1854; 4 vol. in-8, d.-rel. v. fau., n. rog.

242. Histoire de Bretagne, composée sur les titres et les auteurs originaux, par dom Alexis Lobineau. *Paris, Gaignard*, 1707; 2 vol. in-fol,, v. gr. *Portraits et planches.*
Bel exemplaire.

243. Les Annales générales de la ville de Paris, par Cl. Malingre. *Paris*, 1640; in-fol., bas.

244. Description de Paris, par Piganiol de La Force. *Paris*, 1742; 8 vol. — Voyage pittoresque de Paris, par D***, 1757. — Voyage des environs de Paris, par M. D***, 1768. Ens. 10 vol. in-12, v. *Planches*.

245. Tableau historique et pittoresque de Paris, depuis les Gaulois jusqu'à nos jours, par Saint-Victor. *Paris, Nicolle*, 1808; 3 vol. in-4, dem.-rel. bas. *Nomb. planches gravées.*

246. Dictionnaire historique de la ville de Paris et de ses environs, par Hurtaut. *Paris*, 1779; 4 vol. in-8, v. marb. — Dictionnaire historique de Paris, par Béraud et Dufey. *Paris*, 1823; 2 vol. in-8, dem.-rel. v. fauv. *Plan et fig.* Ens. 6 vol.

Histoire étrangère.

247. Le Victorial, chronique de don Pedro Niño, comte de Buelna, par Diaz de Gamez (1379-1449), trad. de l'espagnol, par A. de Circourt et de Puymaigre. *Paris, Palmé*, 1867; in-8, dem.-rel. v. fauve.

248. Le Livre de Marco Polo, citoyen de Venise, rédigé en français en 1298, par Rusticien de Pise, publié par G. Pauthier. *Paris, F. Didot*, 1865; 2 vol. gr. in-8, dem.-rel. v. fauv. n. rog. *Fig*,

249. Della istoria d'Italia di Guicciardini. *Venezia, Pasquali*, 1738; 2 vol. in-fol. bas. *Portr.*

250. Historia di Leopoldo Cesare, cont. le cose piu memorabili successe in Europa dal 1656, fino al 1670, descritta da Galeazzo Gualdo. *Vienna*, 1670; 3 vol. in-fol. parch. tr. dor. *Nombreux portraits et planches.*

251. Historia veneta di Aless. Vianoli. *Venetia*, 1680; 2 vol. in-4, cart. n.-rog. *106 portraits.*

252. Mémoires du cardinal Consalvi; publiés avec notes, par Crétineau-Joly. *Paris, Plon*, 1864; 2 vol. in-8, dem.-rel. n. rog. *Fac-simile.*

253. Histoire du soulèvement, de la guerre et de la révolution d'Espagne, par le comte de Toréno. *Paris, Paulin*, 1836; 5 vol. in-8, dem.-rel. v. fauve.

254. Histoire d'Angleterre, d'Écosse et d'Irlande, par M. de Larrey. *Rotterdam, Reinier Leers*, 1707-1713; 4 vol. in-fol., mar. rou., dent., tr. dor. *Belles épreuves des portraits.*

255. Guizot. Histoire de la civilisation en Europe, 1828. — Histoire de la civilisation en France, 1829; 5 vol. — Histoire de la république d'Angleterre, 1854. — Monk, 1851. — Études biographiques sur la révolution d'Angleterre, 1851. Ens. 10 vol. in-8, dem.-rel. v. bl.

256. Histoire d'Allemagne, par Pfister, traduit de l'allemand, par Paquis. *Paris*, 1837; 11 vol. in-8, dem.-rel. v. vert.

257. Mémoires et Voyages du prince Puckler-Muskau, traduit par J. Cohen. *Paris*, 1832; 5 vol. in-8, dem.-rel. v.

Biographie. — Bibliographie.

258. Histoire de Madame de Maintenon, par le duc de Noailles. *Paris*, 1849; 2 vol. in-8, dem.-rel. bas. *Portrait.*

259. V. Cousin. Études sur les femmes illustres et la société du XVIIe siècle. *Paris, Didier*, 1853-59; 5 vol. — Les Nièces de Mazarin, par A. Renée, 1856. — La princesse des Ursins, par Fr. Combes, 1858. Ens. 7 vol. in-8, dem.-rel. *Portraits.*

260. Les Manuscrits français de la bibliothèque du roi, leur histoire et celle des textes allemands, anglais, hollandais, italiens, espagnols, de la même collection, par Paulin-Paris. *Paris, Techener*, 1836; 7 vol. in-8, rel. pl., v. fauv., fil. tr. dor. *Simier.*

261. Biographie universelle ancienne et moderne. *Paris, Michaud*, 1811; 52 vol. in-8, dem.-rel., perc.

Noblesse. — Blason.

262. La Science héroïque traitant de la noblesse, de l'origine des armes, de leurs blasons, etc., par Vulson de La Colombière. *Paris, Cramoisy*, 1644. — Généalogie de la maison de Rosmadec, 1644 ; In-fol., parch. *Planches.*
263. L'État de la France, par les religieux bénédictins de la congrégation de Saint-Maur. *Paris*, 1739 ; 6 vol. in-12, v. marb.
264. Traité de la noblesse, par A. de la Roque. *Paris, Michallet*, 1678 ; in-4, v. br.
265. Histoire des trois derniers princes de la maison de Condé, par Crétineau-Joly. *Paris, Amyot*, 1867 ; 2 vol. in-8, d.-rel., v. viol. *Portr.*
266. La Généalogie des comtes de Nassau. *Amsterdam*, s. d.; in-fol. cart. *Portr. et pl.*
267. Histoire de Malthe, avec les statuts et les ordonnances de l'Ordre par J. Baudoin, 1643. — Sommaire des privilèges octroyez à l'ordre de Saint-Jean par les papes. empereurs, etc., par de Naberat. *Port. et fig* . En 1 vol. in-fol., v. gr.
268. Mémoires touchant les ambassadeurs et les ministres publics, par de Wicquefort. *Cologne, P. du Marteau*, 1679; 2 vol. pet. in-12, mar. r., fil., tr. dor. *Jolie rel. ancienne.*
269. Catalogue et armorial des présidents, conseillers du roi et greffiers du parlement de Rouen, dressés par Steph. et L. de Merval. *Evreux, Hérissey*. 1867; in-4, dem.-rel., v. f., n. rog.
270. Catalogue des très-illustres ducz et connestables, chanceliers, grands maîtres de France, maréchaux préfets de Paris, depuis le roi Clothaire, jusqu'à très-puissant roi Henry deuxième. *Paris, de l'impr. de Michel de Vascosan*, 1555; in-fol. anc. rel. v. *Armoiries sur les plats.*

Ce volume est précédé de : Instruction sur le fait de la guerre. *Vascosan*, 1549.

271. Tableau historique et chronologique du militaire, depuis la création des régimens jusqu'à présent, par de Roussel. *Paris, de l'imp. roy.*, 1773; in-fol., v. marb.

Cet exemplaire contient de nombreuses augmentations manuscrites.

272. **Chronologie historique militaire** contenant l'histoire de la création de toutes les charges, dignités et grades militaires supérieurs; de toutes les personnes qui les ont possédés ou qui y sont parvenues, etc., tirée sur les originaux, avec des éclaircissements en notes critiques, par Pinard, commis au bureau de la guerre. *Paris, Hérissant* 1760-1778 ; 8 vol. in-4, bas. gr.

Livre rare et recherché. Bonne conservation.

MANUSCRITS

273. **Recueil de poésies**, épigrammes, fables, discours. 5 vol. in-4, parch. Écriture du siècle dernier.

274. **La politique d'Espagne**. Du fondement et des maximes qui servent à l'usage présent de la politique d'Espagne, représentées dans la conduite du Roy Ferdinand, surnommé le Catholique. 2 vol. in-4, v. marb.

Manuscrit du commencement du XVIIIe siècle, texte encadré, titre colorié.

275. **Liste chronologique** des gouverneurs généraux de Hollande, de 1507 à 1781. *Suite de portraits gravés, dont plusieurs très-rares.*

276. **Recueil de pièces** manuscrites (copies datées de 1700 à 1710), relatives aux règnes de Louis XIII, Louis XIV et Louis XV. 2 vol. in-fol. reliés.

277. **Mémoires**, actes et lettres touchant le domaine du Roy et l'aliénation d'icelui. — Ordonnances anciennes et actes concernant quelques subventions et levées extraordinaires qui se sont faites par les rois de France. — Mémoires et instructions pour les finances. In-fol. manuscrit (XVIIIe siècle), v. marb. — (*Aux armes*)

278. **Ligue des trois cantons** (Ury, Schuits et Undervald), faite à Brunen. — Réception des ambassadeurs moscovites et des ambassadeurs orientaux, et autres pièces en 1 vol. in-fol. de 560 pages, v. marbre. (*Ex libris de la biblioth. de M. de La Tournelle*).

279. **Du conseil du Roy**. Des personnes desquelles les roys ont composé leurs conseils et qui ont entrées, séances et voix en iceluy (par M. D'Ormesson, conseiller d'État). In-fol. manuscrit. v. fau. (*Ex libris de D. B. Turgot, 1710.*)

280. **Mémoires** de ce qui s'est passé pendant la prison de François Ier. Manuscrit du XVIIIe siècle. In-fol., v. gr.

281. **Répertoire des anciens registres et bannières du Chastellet de Paris**. Fort vol. de 1601 pages d'une très-bonne écriture cursive de la fin du XVIIe siècle. In-fol., v. br.

282. **Précis de l'aménagement de la forêt de Brothonne**, située dans le ressort de la maîtrise des eaux et forêts de Caudebec, petit in-fol. manuscrit avec plans au lavis, par le sieur Delavigne, dédié à M. de Mondran, en 1787, relié en v. marb., tr. dor.

283. État et situation des forests de la maîtrise d'Arques, dédié à M. de Mondray, grand-maître des eaux et forests de France au département de Rouen, par Chaussé, maître particulier de la susdite maîtrise. Ce 1er janvier 1787. In-fol., bas. marb.

284. Comptes généraux de l'abbaye de Gomerfontaine, depuis le 4 octobre 1705 (jusqu'en 1725), in-fol. v. br.

285. **État-major des gardes françoises**, registre contenant l'historique depuis sa création, par Charles Dubourg, marquis de Boury, capitaine au régiment des gardes françoises. In-fol., v. marb. *Avec deux lettres autogr.*

286. État militaire de France, dep. le commencement de la monarchie jusques en 1740; in-fol. v.

Le Jeudi 5 Février 1874

LIVRES EN LOTS NON COMPRIS AU CATALOGUE

Environ 1,000 Volumes reliés et brochés

BROCHURES DIVERSES, OUVRAGES DÉPAREILLÉS

Vve Renou, Maulde et Cock, imprs de la Compagnie des Commissaires-Priseurs, rue de Rivoli, 144. 39726

www.ingramcontent.com/pod-product-compliance
Ingram Content Group UK Ltd.
Pitfield, Milton Keynes, MK11 3LW, UK
UKHW022153170726
13837UKWH00004B/1960